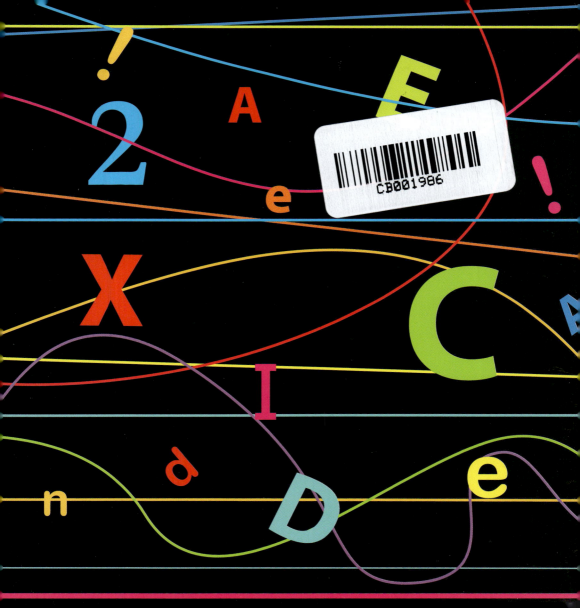

Dados Internacionais de Catalogação na Publicação (CIP)
(Câmara Brasileira do Livro, SP, Brasil)

Cunha, Leo
　　XXII!! 22 brincadeiras de linhas e letras / Leo Cunha; ilustrações Graça Lima. – 3. ed. – São Paulo : Paulinas, 2012. – (Coleção livros divertidos)

　　ISBN 978-85-356-1037-6

　　1. Literatura infantojuvenil I. Lima, Graça. II. Título. III. Série.

12-00075　　　　　　　　　　　　　　　　　　CDD-028.5

Índices para catálogo sistemático:
1. Literatura infantil　　028.5
2. Literatura infantojuvenil　　028.5

Direção-geral: *Flávia Reginatto*
Editora responsável: *Maria Alexandre de Oliveira*
Copidesque: *Luciana Miranda Penna*
Coordenação de revisão: *Andréia Schweitzer*
Revisão: *Ana Cecilia Mari*
Mônica Elaine G. S. da Costa
Direção de arte: *Irma Cipriani*
Gerente de produção: *Felício Calegaro Neto*
Design gráfico: *Leo Cunha*
Capadura Ilustração e Design Ltda.
(Graça Lima, Bruno Gomes e Reinaldo Lee)
Produção de arte: *Mariza de Souza Porto*

6ª edição – 2021
1ª reimpressão – 2024

Nenhuma parte desta obra pode ser reproduzida ou transmitida por qualquer forma e/ou quaisquer meios (eletrônico ou mecânico, incluindo fotocópia e gravação) ou arquivada em qualquer sistema ou banco de dados sem permissão escrita da Editora. Direitos reservados.

Cadastre-se e receba nossas informações
paulinas.com.br
Telemarketing e SAC: 0800-7010081

Paulinas
Rua Dona Inácia Uchoa, 62
04110-020 – São Paulo – SP (Brasil)
📞 (11) 2125-3500
✉ editora@paulinas.com.br
© Pia Sociedade Filhas de São Paulo – São Paulo, 2003

Leo Cunha

22 Brincadeiras de Linhas e Letras

Paulinas

Para Lulu e Sofia

Letra também é feita de linha

Linha também é feita de letra

folha também é feita de verso

verso também é feito de

OLHO

QUEM VOCÊ VIU PRIMEIRO:

O OVO OU A GALINHA?

UMA SERPENTE

DUAS SERPENTES

TRÊS SERPENTES

ASSUSTA A GENTE

FAZEM MAL

SERPENTINA

QUATRO

JÁ É CARNAVAL

MEUSE
MOUSE

Ouriço no espelho
com isso se espanta:
sou bicho ou espeto?
Sou gordo, sou fino?
Sou primo do esquilo
ou do porco-espinho?

Ouriço ou aquilo?

TEM POUCO TEMPO
TEM POUCO TEM
TEM POUCO
TEM PO
TEM
TEM PO
TEM POUCO
TEM POUCO TEM
TEMPOCUPOTEMPO

MIRA A PUPILA, MIRA

Aquela mosca gorducha voando no alvo do olho

MIRA A MENINA MOÇA,

— Diga 33.

— XXXIII!!!

— Não. Diga 22.

— XXII!!

— Não. Diga 11.

— XI!

— Ainda não entendi.

— É que eu preciso fazer **XIXI**...

A caneta passa o poeta pela ponta do funil

O PIOR CEGO É O QUE NÃO TEM PONTO DE VISTA

LAGOA
CARTÃO-POSTAL DOS RICOS
DOS CHICOS
PISCINA DOMINICAL

FAVELA

ONDE É QUE ACABA A FAVELA? DO OUTRO LADO DA RUA, DO OUTRO LADO DO MORRO? DO OUTRO LADO DA LINHA, DO OUTRO LADO DA FOLHA? DO OUTRO LADO DA VIDA, DO OUTRO LADO DO TEMPO? QUANDO É QUE ACABA A FAVELA?

SE UM A DE ESPADAS

É UM ÁS DE ESPADAS

DOIS AS DE ESPADAS

SÃO AS OU SÃO ASES?

DOIS ASES BATEM UM ÁS

OU DOIS AS BATEM AS ASAS?

A grama verde
A bola branca
A pele rosa

CHOQUE

O olho roxo
O riso amarelo
O cartão vermelho

POEMA PARA LER DE LUPA

Neste instante
pela lente
da lupa
o poema
pula a pupila
e lê sua mente

Oi, leitor,
eu sou o Leo, autor deste livro.
Ou melhor,
o criador destes poemas.
Quer dizer,
o inventor destas brincadeiras.
Você quem é?
O leitor do livro?
O olhador dos poemas?
Ou o jogador das linhas e letras?
XXII!! Não sei bem como fazer esta apresentação.
Só posso dizer que me diverti muito bolando estas brincadeiras visuais.
E que sem a Graça o livro não teria a mesma graça.
Espero que você também curta o *XXII!!*
Se quiser conhecer outros livros meus, confira o nome de alguns:
Clave de Lua, *O menino que não mascava chiclê* e
O gato de estimação, todos lançados por Paulinas Editora.
O Sabiá e a Girafa, *Conversa pra boy dormir* e
O macacão espantado, todos em dupla com a Graça.
E mais uns vinte, mais ou menos.
Um abraço, até o próximo,
tchau.

Leo Cunha

Há dez anos
fiz minha primeira parceria
com o Leo Cunha,
e foi um dos trabalhos mais gratificantes
que realizei.
Agora estamos de novo a trocar ideias,
sendo que neste livro
nos dedicamos a criações gráficas
que o próprio Leo concebeu.
Digo nos dedicamos,
pois meus fiéis escudeiros Reinaldo e Bruno
desenvolveram comigo
estas brincadeiras gráficas literárias.
A Capadura em Cingapura,
meu escritório, está comemorando
toda esta farra de letras e linhas,
e espero que vocês gostem também.

Graça Lima

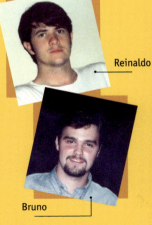

Reinaldo

Bruno

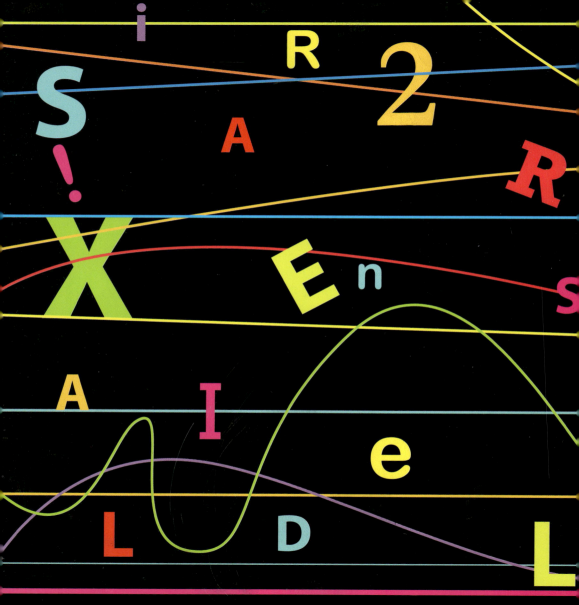